MAROKKANISCHE
Küche

KÖNEMANN

Typisches aus der
marokkanischen Küche

B'stilla: Dies ist ein sehr altes Gericht, das im Mittelpunkt jedes großen marokkanischen Essens steht. Die traditionelle Version besteht aus einer dünnen, stark verzierten Teighülle, die eine Mischung aus Taubenfleisch, aromatisierten Eiern, Mandeln und Rosinen enthält. Für moderne Varianten kann man Filo-Teig und in Streifen geschnittenes Hühnerfleisch verwenden.

Couscous: Obwohl Couscous traditionell am Ende einer Mahlzeit serviert wird, ist es für sich ein gehaltvolles Gericht. Es besteht aus lockerem Hartweizengrieß, der über einem Eintopf aus Fleisch und Gemüsen gedämpft wurde. Couscous ist heute in vielen Lebensmittelgeschäften und Supermärkten erhältlich.

Couscousière: Couscous wird traditionell in einer Couscousière zubereitet, einem Metalltopf mit einem Dämpfaufsatz und einem Deckel. Während Fleisch und Gemüse im Topf garen, wird der Hartweizengrieß im Aufsatz gedämpft.

Eingelegte Zitronen: Siehe Rezept Seite 4.

Harissa: Harissa ist eine scharfe Würzpaste, die in der Küche Marokkos und anderer nordafrikanischer Länder sehr beliebt ist. Die Grundzutaten sind scharfe rote Chilischoten, Cayennepfeffer, Olivenöl und Knoblauch. Die Paste sollte die Konsistenz einer leichten Mayonnaise haben. Sie eignet sich ausgezeichnet als Beilage für Suppen und Eintöpfe, die mit Safran gewürzt werden. Das Rezept findet sich auf Seite 8.

Ingwer: Dieses sehr scharfe Gewürz sollte gerieben eine cremig-weiße Farbe haben. Frischer Ingwer wird geschält und gerieben oder feingehackt. Im Kühlschrank hält er sich mehrere Monate.

Kichererbsen und Linsen: Über Jahrhunderte waren Kichererbsen und Linsen in Marokko die wichtigsten Energie- und Proteinlieferanten, da die Fleischerzeugung zu schwierig oder zu teuer war. Diese köstlichen, nahrhaften Hülsenfrüchte sind in Lebensmittelläden und Supermärkten erhältlich.

Koriander: Koriandersamen werden in Marokko oft für Fleischbeizen verwendet. Frischen Koriander findet man in beinahe allen marokkanischen Gerichten, insbesondere aber in Salaten und Dressings. Einige Leute mögen seinen süßlichen, aber scharfen Geschmack

sofort, andere müssen sich erst an ihn gewöhnen. Frischer Koriander ist am ehesten in Gemüseläden und türkischen Lebensmittelgeschäften zu finden. Im Kühlschrank hält er sich bis zu einer Woche. Man stellt ihn in ein Glas mit Wasser und zieht einen Gefrierbeutel darüber.

Orangenblütenwasser: Wird bei der Destillation frischer, noch geschlossener Blütenknospen des Apfelsinenbaumes gewonnen. Es wird weithin als Parfüm verwendet, aber auch zum Aromatisieren von Gebäck, Pfannkuchen, Pudding, Süßigkeiten, Likören und frischen Salaten. Es ist in Apotheken und asiatischen Lebensmittelgeschäften erhältlich.

Petersilie: In der marokkanischen Küche werden große Mengen glatter Petersilie verwendet.

Pfeffer: Pfeffer ist das in der marokkanischen Küche am häufigsten verwendete Gewürz. Frischgemahlener schwarzer Pfeffer verleiht den meisten Speisen Aroma und Pepp.

Safran: Dieses Gewürz wird aus den getrockneten Narben einer besonderen Krokusart hergestellt. Es ist teuer und wird nur in geringen Mengen verwendet. Mitunter mischt man es mit etwas gemahlenem Kurkuma, Salz und mildem Paprikapulver, um es zu strecken. Also: Vorsicht beim Kauf. Um sicherzugehen, kauft man Safranfäden und mahlt sie selbst. In einem luftdicht verschlossenen Behälter im Kühlschrank aufbewahrt hält Safran jahrelang.

Tagine: Als Tagine bezeichnet man langsam gegarte, aromatische Eintopfgerichte aus Huhn, Pute oder Lamm, die mit Gewürzen abgerundet werden. Bei einem großen Essen serviert man viele verschiedene dieser Eintopfgerichte.

Zimt: Die Rinde des Zimtbaumes enthält ein ätherisches Öl, das durch Mahlen freigesetzt wird. Sparsam verwendet, verleiht der Duft und das würzig-süße Aroma des Zimts Fisch- und Fischsaucen einen wunderbaren Geschmack. Mit gemahlenem Pfeffer, Ingwer, Nelken und Muskatblüte vermischt, eignet sich Zimt ausgezeichnet dazu, Wild vor dem Garen damit einzureiben.

Eingelegte Zitronen

16 unbehandelte Zitronen mit dünner Schale
Wasser
grobkörniges Salz
Zitronensaft

Zubereitungszeit: 1 Std, auf 3 Tage verteilt
Einlegezeit: 3 Wochen
Ergibt 16 Stück

1 Zitronen gut waschen. In ein großes Gefäß aus Glas, Edelstahl oder Kunststoff legen. Mit kaltem Wasser bedecken und 3–5 Tage stehen lassen, das Wasser täglich erneuern.

2 Zitronen abtropfen lassen. Mit dem Messer in die Zitronenschale stechen und sie viermal längs bis 5 mm vor Blüten- und Stielansatz einschneiden. Nun die Zitronen entlang der Einschnitte vollkommen durchschneiden, so daß die Viertel nur noch an den Enden verbunden sind.

3 In die Mitte jeder Zitrone $1/4$ TL grobes Salz geben. Die Früchte in sterilisierte Einmachgläser legen und mit 1 EL Salz bestreuen. Abgesiebten Saft einer Zitrone in jedes Glas geben und so viel kochendes Wasser auffüllen, daß die Zitronen bedeckt sind.

4 Gläser für drei Wochen an einem kühlen Ort aufbewahren.

5 Zur Verwendung Zitronen unter fließendem, kaltem Wasser gut abspülen. Das Fruchtfleisch entfernen und nur die Schale verwenden.

Hinweis: Einmachgläser müssen vor Gebrauch gründlich gesäubert und sterilisiert werden. Dazu setzt man sie, nachdem sie gut gewaschen und gespült wurden, in einen großen Topf mit Wasser, das man 10 Min. kochen läßt.

TIP
Die Schale wird in dünne Streifen geschnitten in Salate und viele andere marokkanische Gerichte gegeben. Am besten legt man die Zitronen im Spätherbst ein, wenn reichlich gute Ware auf dem Markt ist.

Zitronen gut waschen. In ein großes Gefäß legen und mit kaltem Wasser bedecken.

Zitronen längs so durchschneiden, daß nur die Enden zusammenhängen.

Marokkanische Küche

n die Mitte jeder Zitrone ¼ TL grobkörniges Salz geben.

Zitronen in Gläser legen, Salz und Zitronensaft zugeben und mit kochendem Wasser auffüllen.

Marokkanische Küche

In einem großen Topf Kalbshaxe und Zwiebeln mit Pfeffer im Olivenöl anbraten.

Abgetropfte Linsen zufügen und etwa 1 Std. garen, bis Fleisch und Linsen weich sind.

Suppen & Vorspeisen

Ein marokkanische Mahlzeit beginnt häufig mit einer üppigen Tafel verlockender Dips und Vorspeisen, wo jeder Gast von allem etwas probieren kann.

Linsensuppe

Einfach und herzhaft.

Zubereitungszeit: 30 Min.
Garzeit: 1½–2 Std.
Für 6 Personen

---

100 g rote Linsen
1 Kalbshaxe, mit Knochen quer in Stücke gehackt
2 mittelgroße rote Zwiebeln, gehackt
gemahlener Pfeffer
60 ml Olivenöl
1,5 l Wasser
2 Kartoffeln, in kleine Stücke geschnitten
2 große Möhren, in kleine Stücke geschnitten
1 Bund frischer Koriander, gehackt
Zitronensaft

---

1 Die Linsen mit kochendem Wasser bedecken und 15 Min. stehen lassen.
2 In einem großen schweren Topf Kalbshaxe und Zwiebeln mit dem Pfeffer im Olivenöl goldbraun braten.
3 Das Wasser zugeben und behutsam zum Kochen bringen. Abschäumen und abgetropfte Linsen zufügen. Den Topfinhalt etwa 1 Std. garen, bis Fleisch und Linsen weich sind.
4 Kartoffeln und Möhren zufügen und köcheln lassen, bis sie weich sind, nötigenfalls noch etwas Wasser hinzufügen.
5 Die Kalbshaxe aus dem Topf nehmen. Das Fleisch vom Knochen lösen und in kleine Stücke schneiden. Die Suppe in der Küchenmaschine glattpürieren.
6 Kurz vor dem Servieren gehackten Koriander, Fleisch und etwas Zitronensaft in die Suppe geben. Abschmecken. Mit knusprigem Brot servieren.

Kartoffeln und Möhren zugeben und unbedeckt köcheln lassen, bis sie weich sind.

Vor dem Servieren gehackten Koriander, Fleisch und etwas Zitronensaft unterrühren.

Kürbissuppe mit Harissa

Zubereitungszeit: 10 Min.
Garzeit: 20 Min.
Für 6 Personen

2,5 kg Riesenkürbis
750 ml Hühnerbrühe
750 ml Milch
Zucker
gemahlener Pfeffer
HARISSA
100 g getrocknete rote Chillies
6 Knoblauchzehen
1/3 Becher Salz
1/2 Becher gemahlener Koriander
1/3 Becher gemahlener Kreuzkümmel
160 ml Olivenöl

---

1 Den Kürbis schälen und Samen mit faseriger Mitte entfernen. Das Fleisch in einem großen Topf ohne Deckel mit Brühe und Milch 15–20 Min. köcheln lassen, bis es weich ist.

2 Die Kürbismischung glattpürieren und etwas Zucker und Pfeffer hinzufügen.

3 Bei der Herstellung der Harissa Gummihandschuhe tragen. Die Stengel der Chillies abschneiden. Schoten halbieren und nach Entfernen der Samen in heißem Wasser einweichen.

4 Knoblauch, Salz, gemahlenen Koriander und Kreuzkümmel mit den abgetropften Chillies zu einer Paste vermahlen und langsam das Olivenöl zufügen, bis alles gut vermischt ist.

5 Harissa in die Suppe einrühren oder in einer separaten Schale reichen.

Hinweis: Übriggebliebene Chillies dunkel und kühl lagern.

TIP

Etwas Sahne macht die Suppe besonders cremig. Auch frisch geriebene Muskatnuß verfeinert die Kürbissuppe.
Harissa wird traditionell im Mörser hergestellt. Es ist ein hervorragendes Gewürz für Couscous. Zusätzliches Aroma erhält Harissa, wenn man Koriander und Kreuzkümmel vor dem Mahlen ohne Fett in einer Pfanne röstet.
Fertige Harissa bekommt man in Delikatessengeschäften und gut sortierten Supermärkten.

Kürbis schälen und nach Entfernen der Kerne in gleichgroße Stücke schneiden.

Mit Milch und Brühe in einem Topf 20 Min. köcheln lassen, bis er weich ist.

Suppen und Vorspeisen

Mit Handschuhen die Chillies aufschneiden und Stiele und Samen entfernen.

Harissa vor dem Servieren in die Suppe rühren oder getrennt in einer Schale reichen.

Auberginenpüree

Eine beliebte Vorspeise.

Zubereitungszeit:
40 Min.
Garzeit:
20 Min.
Für 4 Personen

---

1 kg Auberginen, geschält und in 2 cm große Würfel geschnitten
80 ml Olivenöl
2 Knoblauchzehen, zerdrückt
gemahlener Pfeffer
1 TL edelsüßer Paprika
3 Pitta-Brote
1 Eiweiß, verquirlt
2 EL Kreuzkümmelsamen

---

1 Backofen auf 180 °C (Gasherd Stufe 2–3) vorheizen.
2 Die Auberginenwürfel in einem Dämpfeinsatz 30 Min. über kochendem Wasser dämpfen.
3 Das Öl in einer großen Pfanne auf mittlerer Temperatur erhitzen.
4 Auberginenwürfel mit Knoblauch, Pfeffer und Paprika zufügen. Die Hitze etwas reduzieren.
5 Den Pfanneninhalt unter ständigem Rühren etwa 10 Min. garen, bis die Aubergine sehr weich ist. Heiß mit getoastetem Pitta-Brot servieren.
6 Zur Zubereitung des Pitta-Brotes die Fladen waagerecht durchschneiden. Mit Eiweiß bestreichen und mit Kreuzkümmelsamen bestreuen. Etwa 20 Min. backen, bis sie knusprig sind. Das Brot vor dem Servieren in Stücke brechen.

Hinweis: Kreuzkümmelsamen finden in der marokkanischen Küche häufig Verwendung. Ihr Duft und kräftiger Geschmack erinnern an Kümmel, sind aber viel intensiver. Kreuzkümmel paßt gut zu Lammfleisch und kann ganz oder gemahlen verwendet werden.

TIP
Durch das Dämpfen der Auberginenwürfel braucht man beim Braten weniger Öl - möglicherweise reichen 60 ml aus. Es ist jedoch notwendig, große Auberginen zu salzen, um Bitterstoffe zu entfernen. Nur kleine zarte Auberginen müssen nicht gesalzen werden.

Auberginenwürfel in einem Dämpfeinsatz 30 Min. über kochendem Wasser dämpfen.

Aubergine, Knoblauch, Pfeffer und Paprika in die heiße Pfanne geben.

Suppen und Vorspeisen

Etwa 10 Min. unter ständigem Rühren garen, bis die Aubergine weich ist.

Pitta-Brot mit Eiweiß bestreichen, mit Kreuzkümmel bestreuen und backen.

»Zigarren«

Ein großartiger Partysnack.

1 mittelgroße Zwiebel, feingehackt
80 ml Olivenöl
750 g mageres gehacktes Rind- oder Lammfleisch
2 TL gemahlener Zimt
1/2 TL gemahlenes Piment
1/4 TL Ingwerpulver gemahlener Pfeffer
1/2 Becher gehackte frische Petersilie
5 Eier
500 g Filo-Teig
180 g Butter, zerlassen

Zubereitungszeit:
40 Min.
Garzeit:
25 bis 30 Min.
Für 20 Personen

1 Backofen auf 150 °C (Gasherd Stufe 1) vorheizen. Für die Füllung die Zwiebel im Olivenöl weich garen. Rind- oder Lammfleisch zufügen und mit einer Gabel zerdrücken. Die Gewürze zugeben und den Pfanneninhalt 10–15 Min. mit einem Holzlöffel rühren, bis das Fleisch gut gegart ist und keine Klumpen mehr vorhanden sind. Petersilie hinzufügen.
2 Die Eier in einer Schüssel verquirlen und über das Fleisch geben. 1–2 Min. unter Rühren garen, bis das Ei eine cremige Konsistenz hat.
3 Die Mischung abschmecken, dann abkühlen lassen.
4 Jedes Teigblatt in drei gleichgroße Rechtecke schneiden. Die Stücke aufeinanderlegen und mit einem feuchten Küchentuch abdecken.
5 Eines der geschichteten Rechtecke dünn mit zerlassener Butter bepinseln.
6 An eine der schmalen Seiten 1 TL Füllung setzen. Ende und Ränder der Teigplatte um die Füllung schlagen, dann den Teig zu einer Zigarre aufrollen. Mit den anderen Teigplatten ebenso verfahren.
7 Die Zigarren nebeneinander auf ein gefettetes Blech legen. Mit zerlassener Butter bestreichen und 25–30 Min. backen, bis sie goldbraun sind. Heiß servieren.

Zwiebel, Hackfleisch und Gewürze rühren, bis alles gut gegart ist. Petersilie zufügen.

Das verquirlte Ei über das Fleisch geben und rühren, bis es eine cremige Konsistenz hat.

SUPPEN UND VORSPEISEN

Jedes Teigblatt in drei gleichgroße Stücke schneiden. In ein feuchtes Tuch schlagen.

Ende und Ränder um die Füllung legen und die Teigplatte zu einer Zigarre aufrollen.

Marokkanisches Lammhirn

Heiß oder kalt servieren.

Zubereitungszeit: 30 Min. + 1 Std. wässern
Garzeit: 15 Min.
Für 4 Personen

> 4 ganze Lammhirne
> 2 TL Branntweinessig
> 3 Knoblauchzehen, zerdrückt
> 60 ml Olivenöl
> 1 Dose Tomaten (450 g), abgetropft
> 1 kleiner Bund glatter Petersilie, feingehackt
> 1 kleiner Bund frischer Koriander, feingehackt
> 1 TL edelsüßer Paprika
> eine Prise Cayennepfeffer
> 1 TL gemahlener Kreuzkümmel
> 1 EL Zitronensaft
> Schale von 1 eingelegten Zitrone (s. Seite 4), in breite Streifen geschnitten

1 Das Lammhirn für eine Std. in Wasser und Essig legen.
2 Dann mit einem Holzspieß die Häutchen entfernen. Unter fließendem kaltem Wasser waschen. Blutgerinnsel und größere Adern entfernen. In große Stücke schneiden.
3 In einem schweren Topf den Knoblauch im Öl goldbraun braten. Tomaten, Petersilie, Koriander, Paprika, Cayennepfeffer, Kreuzkümmel, Zitronensaft und Schale zufügen und 5 Min. köcheln lassen.
4 Das Hirn dazugeben und 10 Min. behutsam garen, dabei häufig wenden. Sofort servieren.

TIP
Frischer Koriander findet in der marokkanischen Küche häufig Verwendung, vor allem in Salaten und Dressings. Manche Menschen mogen den süßlichen, aber dennoch scharfen Geschmack sofort, andere müssen sich erst daran gewöhnen. Koriander ist in westeuropäischen Ländern nicht ohne weiteres erhältlich.

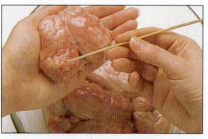

Mit einem Holzspieß vorsichtig die Häutchen von den Hirnen entfernen.

Unter fließendem kaltem Wasser waschen und säubern. In große Stücke schneiden.

Suppen und Vorspeisen

Tomaten, Gewürze, Petersilie, Zitronensaft und -schale zu Knoblauch und Öl geben.

Das Hirn in den Topf geben und behutsam 10 Min. garen, dabei häufig wenden.

Marokkanische Küche

Zwiebeln und Knoblauch in Öl und Butter 30 Min. bei schwacher Hitze weich garen.

Zimt, Paprika, Kreuzkümmel und Koriander hineinrühren und einige Min. mitgaren.

MAROKKANISCHE KÜCHE

Gemüse, Salate & Brot

Diese farbenfrohen Kombinationen aus einfachen Gemüsen sehen ebenso gut aus wie sie schmecken. Man serviert sie separat oder als Beilage zu einem Hauptgericht.

Warmer Reissalat mit Linsen

Zubereitungszeit:
15 Min.
Garzeit:
30 Min.
Für 6 Personen

1 Becher braune Linsen
220 g Basmatireis
4 große rote Zwiebeln, in dünne Scheiben geschnitten
4 Knoblauchzehen, zerdrückt
250 ml Olivenöl
50 g Butter
2 TL gemahlener Zimt
2 TL edelsüßer Paprika
2 TL gemahlener Kreuzkümmel
2 TL gemahlener Koriander
3 Frühlingszwiebeln
gemahlener Pfeffer

1 Linsen und Reis separat in Wasser knapp weich garen. Abtropfen lassen.

2 Zwiebeln und Knoblauch in Öl und Butter bei schwacher Hitze 30 Min. sehr weich garen.

3 Zimt, Paprika, Kreuzkümmel und Koriander hineinrühren und alles noch einmal einige Min. garen.

4 Zwiebel-Gewürz-Mischung mit gut abgetropftem Reis und Linsen vermischen. Gehackte Frühlingszwiebeln unterrühren und Pfeffer nach Geschmack hinzufügen. Warm servieren.

TIP
Keine roten Linsen verwenden, da sie sehr schnell weich werden und zerfallen. Es ist nicht notwendig, die Linsen vor dem Garen einzuweichen, aber sie müssen sorgfältig gewaschen werden.

Zwiebel-Gewürz-Mischung mit gut abgetropftem Reis und Linsen vermischen.

Gehackte Frühlingszwiebeln unter Reis und Linsen rühren. Nach Geschmack pfeffern.

Gemüse-Couscous

Ein ausgefallenes Gericht.

Zubereitungszeit: 40 Min. + Einweichzeit
Garzeit: 2 Std.
Für 6 Personen

---

2 Becher getrocknete Kichererbsen
80 ml Pflanzenöl
1 Zwiebel, gehackt
1 kleine Zimtstange
200 g Aubergine, in 2 cm große Würfel geschnitten
3 mittelgroße Möhren, in 5 mm dicke Scheiben geschnitten
3 mittelgroße neue Kartoffeln, in 1 cm große Würfel geschnitten
150 g Riesenkürbis, in 1 cm große Würfel geschnitten
1/4 TL Piment
3 TL Harissa (s. Seite 8)
500 ml kochendes Wasser
100 g kleine fadenlose Bohnen, schräg in 5 cm große Stücke geschnitten
2 Zucchini, in 1 cm dicke Scheiben geschnitten
1 mittelgroße reife Tomate, geachtelt
1 EL gehackte glatte Petersilie
1 EL gehackter frischer Koriander
gemahlener Pfeffer

COUSCOUS
1 Becher Couscous
180 ml kochendes Wasser
2 TL Butter

---

1 Kichererbsen über Nacht in kaltem Wasser einweichen. Abtropfen lassen, gut waschen und in einem großen Topf bei schwacher Hitze 90 Min. köcheln lassen.

2 Das Öl in einem großen, schweren Topf erhitzen. Die Zwiebel mit der Zimtstange bei schwacher Hitze garen, bis sie weich wird.

3 Aubergine, Möhren und Kartoffeln hinzufügen. Zugedeckt bei niedriger Temperatur 10 Min. garen, dabei gelegentlich mit einem Holzlöffel durchrühren.

4 Kürbis, Piment und Harissa zugeben. Das kochende Wasser über die Mischung gießen und Kichererbsen, Bohnen und Zucchini hinzufügen. Kurz vor dem Servieren die Tomaten hineinrühren.

5 Die Zutaten zugedeckt noch einmal 15 Min. köcheln lassen. Mit frischer Petersilie und Koriander garnieren.

6 Zur Zubereitung des Couscous dieses in einer Schüssel mit dem kochenden Wasser übergießen.

7 Die Butter unterrühren und das Couscous etwa 10 Min. stehen lassen.

8 Dann in einem Topf mit festschließendem Deckel bei schwacher Hitze 5 Min. dämpfen. Mit dem Gemüse servieren.

> **TIP**
> Frische, junge Auberginen müssen vor der Zubereitung nicht gesalzen werden. Sie besitzen noch keine Bitterstoffe.

GEMÜSE, SALATE & BROT

Aubergine, Möhren und Kartoffeln zu Zwiebel und Zimtstange geben.

Kürbis, Piment und Harissa zufügen und kochendes Wasser über die Gemüse gießen.

Kichererbsen, Bohnen und Zucchini zugeben und 15 Min. köcheln lassen. Zum Schluß Tomaten hinzufügen.

Die Butter in das Couscous rühren. 10 Min. stehen lassen, dann dämpfen.

Pikante grüne Bohnen

750 g junge grüne Bohnen
60 ml Pflanzenöl
2 Knoblauchzehen, zerdrückt
1 mittelgroße rote Zwiebel, feingehackt
6 große reife Tomaten, abgezogen und gehackt
1 kleine rote Chillie

Zubereitungszeit:
15 Min.
Garzeit:
25–30 Min.
Für 4 Personen

1 Die Bohnen waschen, abtropfen lassen und die Enden entfernen.
2 Öl erhitzen. Knoblauch und Zwiebel hinzufügen und braten, bis sie goldbraun sind. Tomaten und Chillies dazugeben und alles weitere 2 Min. garen. Bohnen hinzufügen und bei starker Hitze 3 Min. unter Rühren braten.
3 Heißes Wasser hinzufügen. Die Bohnen etwa 10 Min. köcheln lassen, bis sie bißfest sind. Nicht zu lange garen. Heiß servieren.

Tip
Rote Zwiebeln sind knakkig und mild und eignen sich gut für Salate. In Gemüseläden und auf Märkten bekommt man mitunter sehr kleine grüne Bohnen.

Bohnen gründlich waschen, abtropfen lassen und auf Küchenpapier legen. Die Enden entfernen.

Zwiebel und Knoblauch goldbraun braten. Tomaten und Chillies zufügen und gut durchrühren.

Grüne Bohnen in die Pfanne geben und bei starker Hitze unter Rühren braten.

Heißes Wasser hinzufügen und Bohnen etwa 10 Min. köcheln lassen, bis sie bißfest sind.

Gemüse, Salate & Brot

Bunte Gemüse-Tagine

Zubereitungszeit:
15 Min.
Garzeit:
30 Min.
Für 4 Personen

- *4 große Kartoffeln, geschält und gewürfelt*
- *2 mittelgroße weiße Rüben, geschält und gewürfelt*
- *3 mittelgroße Möhren, geschält und in 0,5 x 2,5 cm große Stäbchen geschnitten*
- *4 mittelgroße Zucchini, in 1,5 cm große Stücke geschnitten*
- *3 Stangensellerie, in 1,5 cm große Stücke geschnitten*
- *1 große Zwiebel, in 1,5 cm große Würfel geschnitten*
- *1 l Wasser*
- *6 Knoblauchzehen*
- *2 EL Olivenöl*
- *1 kleine rote Chilischote, gehackt*
- *1 TL gemahlener Kreuzkümmel*
- *2 EL feingehackte glatte Petersilie*
- *1 Zwiebel, feingehackt*

1 Kartoffeln, weiße Rüben, Möhren, Zucchini, Sellerie und große Zwiebel vorbereiten.

2 In einem großen, schweren Topf das Wasser zum Kochen bringen.

3 Kartoffeln, Rüben, Zucchini, Stangensellerie, Zwiebel und Knoblauchzehen zufügen. Die Gemüse 15–20 Min. garen, bis sie weich sind (siehe Hinweis).

4 Das Öl in einem kleinen Topf erhitzen und Chilischote, Kreuzkümmel, Petersilie und gehackte Zwiebel bei mittlerer Hitze 5 Min. garen.

5 Die Zwiebelmischung zu den Gemüsen geben und die Zutaten noch einmal etwa 10 Min. garen, bis die Flüssigkeit eingekocht und die Zwiebel gar ist. Sofort servieren.

Hinweis: Da die Zucchini rascher garen als die anderen Gemüse, hebt man sie nach etwa 8 Min. mit dem Schaumlöffel heraus und gibt sie später wieder dazu.

Kartoffeln, Rüben, Möhren, Zucchini, Sellerie und Zwiebel in Stücke schneiden.

Das Wasser zum Kochen bringen. Gemüse mit Knoblauch zufügen und weich garen.

Gemüse, Salate & Brot

Chilischote, Kreuzkümmel, Petersilie und gehackte Zwiebel bei mittlerer Hitze 5 Min. garen.

Zwiebelmischung zu den Gemüsen geben und Zutaten noch einmal 10 Min. garen.

Möhrensalat mit Gurke

Zubereitungszeit: 15 Min.
Garzeit: Keine
Für 6 Personen

---

10 große Möhren
2 kleine Salatgurken
100 g Rosinen
1 EL Zitronensaft
½ TL Ingwerpulver
1 TL gemahlener Zimt
1 EL Honig
80–120 ml Olivenöl
gemahlener Pfeffer
½ Becher Mandelblättchen

---

1 Die Möhren schälen und raspeln. Mit den in Stücke geschnittenen Salatgurken in eine Schüssel geben, die Rosinen hinzufügen und die Zutaten unterheben.

2 Zitronensaft, Ingwer, Zimt, Honig, Olivenöl und Pfeffer in eine kleine Schüssel geben und gut verrühren oder durchschütteln.

3 Mandelblättchen in einem kleinen Topf bei schwacher Hitze unter Rühren leicht rösten.

4 Das Dressing über den Salat gießen. Salat mit Mandeln garniert servieren.

TIP
Die Rosinen sehen besser aus, wenn man sie zunächst 10 Min. in Wasser quellen läßt.

Möhren schälen und raspeln, dann mit Gurkenstücken und Rosinen mischen.

Mandelblättchen in einem kleinen Topf bei schwacher Hitze goldbraun rösten.

Das vorbereitete Dressing über den Salat gießen und sorgfältig unterheben.

Salat mit Mandelblättchen garnieren und sofort servieren.

GEMÜSE, SALATE & BROT

Gurkensalat mit Minze

Zubereitungszeit:
15 Min.
Garzeit:
Keine
Für 6 Personen

**5 kleine Gurken
¼ Becher feingehackte frische Minze
1 EL Zitronensaft
80 ml Pflanzenöl
1 TL Orangenblütenwasser
gemahlener Pfeffer
Schale von 1 unbehandelten Orange**

---

1 Die Gurken schälen und in dünne Scheiben schneiden. In eine Schüssel geben und die Minze hinzufügen.

2 Zitronensaft, Öl, Orangenblütenwasser und Pfeffer in einer kleinen Schüssel gut verschlagen oder verschütteln.

3 Das Dressing über die Gurkenscheiben gießen und sorgfältig unterheben.
4 Orangenschale in dünne Streifen schneiden, in kochendem Wasser blanchieren und vor dem Servieren über den Salat geben.

> **Tip**
> Bei Verwendung normaler Salatgurken entkernt man diese, und stellt sie mit Salz bestreut für eine halbe Stunde in einem Durchschlag beiseite, um Bitterstoffe zu entfernen.

Gurken schälen, in dünne Scheiben schneiden und in eine Schüssel geben.

Feingehackte Minze zufügen. In einer zweiten Schüssel die Zutaten für das Dressing vermischen.

Das Dressing über Gurkenscheiben und Minze gießen und sorgfältig unterheben.

Äußeren Teil der Orangenschale in feine Streifen schneiden und in kochendem Wasser blanchieren.

Gemüse, Salate & Brot

Grüner Paprika mit Tomaten

Zubereitungszeit:
15 Min.
Garzeit:
10 Min.
Für 6 Personen

---

3 große grüne Paprikaschoten
3 mittelgroße reife, aber feste Tomaten, abgezogen und entkernt

VINAIGRETTE
1 EL Essig
gemahlener Pfeffer
1/2 TL Zucker
1 Knoblauchzehe, zerdrückt
60 ml Olivenöl

---

1 Paprika halbieren, entkernen und mit der Schnittfläche nach unten grillen, bis die Haut blasig und schwarz wird.
2 Abkühlen lassen, abziehen und in 2 cm große Stücke schneiden.
3 Tomaten in 2 cm große Stücke schneiden.
4 Paprika und Tomaten vermischen.
5 Zur Zubereitung der Vinaigrette: Essig, Pfeffer, Zucker, Knoblauch und Olivenöl verrühren.
6 Den Salat mit der Vinaigrette übergießen und 10 Min. ziehen lassen, damit sich die Aromen entfalten können.
Hinweis: In Marokko angebauter Knoblauch ist klein, rotschalig und milder als europäischer Knoblauch.

Entkernte Paprikahälften grillen, bis sich Blasen bilden. Abkühlen lassen und abziehen.

Paprika und Tomaten in 2 cm große quadratische Stücke schneiden.

Tomaten und Paprika mischen. Essig, Pfeffer, Zucker, Knoblauch und Öl verrühren.

Salat mit Vinaigrette übergießen und 10 Min. stehen lassen, damit sich die Aromen entfalten.

Gemüse, Salate & Brot

Marokkanische Küche

Orangensalat

Fruchtig und erfrischend.

Zubereitungszeit:
 15 Min.
Garzeit:
 Keine
Für 6 Personen

> *6 reife unbehandelte Orangen*
> *8 Datteln, in Streifen geschnitten*
> *¼ Becher Mandeln, in Stifte geschnitten*
> *Orangenblütenwasser*
> *1 EL frische Minzeblätter, gehackt*

1 Orangen schälen, dabei die weiße Schale vollständig entfernen. Früchte quer in Scheiben schneiden.

2 Mit Datteln, Mandeln und Orangenblütenwasser nach Geschmack in eine flache Schüssel geben.

3 Mit etwas Minze und Zimt bestreuen und servieren. Orangensalat schmeckt mit kalter Ente köstlich.

Hinweis: Die Mandeln zum Blanchieren in eine Schüssel geben und mit kochendem Wasser bedecken. 1 Min. stehen lassen. Danach sollte sich die Haut leicht lösen. Mit einem scharfen Messer in Stifte schneiden.

> **Tip**
> Orangenblütenwasser bekommt man in Apotheken und asiatischen Lebensmittelgeschäften

Orangen waschen und schälen, dabei die gesamte weiße Schale entfernen.

Orangen quer in gleichgroße Scheiben schneiden und in eine flache Schale legen.

GEMÜSE, SALATE & BROT

Dattelstreifen und Mandelstifte auf den Orangenscheiben verteilen.

Mit Orangenblütenwasser aromatisieren und mit Minze und Zimt bestreuen.

Khobz (Fladenbrot aus Vollkornmehl)

Zubereitungszeit: 60 Min.
Garzeit: 12 Min.
Ergibt 16 Stück

300 g Vollkornmehl	*½ TL edelsüßer Paprika*
1 TL Zucker	*40 g Maismehl*
1 TL Salz	*1 EL Öl*
1 Päckchen Trockenhefe	*1 Ei, verquirlt*
300 ml lauwarmes Wasser	*2 EL Sesam*

1 Backofen auf 180 °C vorheizen. 60 g Mehl, Zucker, Salz, Hefe und Wasser vermischen. Abgedeckt an einen warmen Platz stellen, bis sich Blasen bilden.

2 Restliches Vollkornmehl, Paprika und Maismehl in eine Schüssel sieben, Öl hinzufügen. Einen festen Teig herstellen und kneten, bis er glatt ist. Abgedeckt für 20 Min. an einen warmen Platz stellen.

4 Den Teig in 16 Stücke teilen. Diese zu Kugeln formen und flach drücken.

5 Fladen auf ein gefettetes Backblech legen. Mit Ei bestreichen und mit Sesam bestreuen. Abgedeckt beiseite stellen, bis der Teig aufgegangen ist. 12 Min. backen.

Vorbereitete Hefemischung zu Öl, Vollkornmehl, Maismehl und Paprika geben.

Einen festen Teig herstellen. Kneten, bis er glatt ist, dann an einen warmen Platz stellen.

Teig in 16 Stücke teilen. Kugeln zu 10 cm großen Fladen ausrollen.

Fladen mit verquirltem Ei bestreichen, mit Sesam bestreuen und backen.

GEMÜSE, SALATE & BROT

Marokkanische Küche

Den Fisch mit Salz einreiben, von beiden Seiten mehrmals mit der Gabel einstechen und in eine Form legen.

Tomaten, Tomatenpüree und Petersilie oder Koriander in die Gemüsemischung rühren.

Die restliche Gemüsesauce über den Fisch geben, so daß er völlig bedeckt ist.

Die übrigen Mandelstifte darüberstreuen und die Form fest mit Folie abdecken.

FISCH

Die marokkanische Küste ist ein Mekka der Meeresfrüchte. Fisch wird vor dem Garen oft mariniert, damit er sein volles Aroma entwickeln kann. Die Wartezeit lohnt sich.

Fisch aus dem Backofen

Scharf und würzig.

Zubereitungszeit: 30 Min. + 2 Std. Wartezeit
Garzeit: 45 Min.
Für 4–5 Personen

---

1 ganzer Fisch (1,5 kg schwer), küchenfertig
1/2 TL Salz
2 EL Zitronensaft
2 Zwiebeln, quer in 1 cm dicke Scheiben geschnitten
3 Knoblauchzehen, zerdrückt
2 EL Olivenöl
1 grüne Paprikaschote, entkernt und in 1 x 4 cm große Stücke geschnitten
1 rote Paprikaschote, entkernt und in 1 x 4 cm große Stücke geschnitten
1–2 rote Chillies, entkernt und in dünne Scheiben geschnitten
1/2 TL gemahlener Kurkuma
1/2 TL Currypulver
5 oder 6 kleine Tomaten, gehackt
2 EL Tomatenpüree
2 EL frischer Koriander oder Petersilie, gehackt
80 g blanchierte, in Stifte geschnittene Mandeln, leicht geröstet

---

1 Backofen auf 180 °C vorheizen. Den Fisch mit Salz einreiben und mehrmals mit der Gabel einstechen. In ein flaches Gefäß legen und den Zitronensaft darüberträufeln. 2 Std. durchziehen lassen. 2 Zwiebeln und Knoblauch im Olivenöl garen, bis sie weich sind. Paprika, Chillies, Kurkuma und Currypulver hinzufügen. Behutsam mehrere Min. garen. Tomaten, Tomatenpüree und gehackten Koriander oder Petersilie hineinrühren.

Die Hälfte der Mandelstifte in eine Backform streuen. Die Hälfte der Sauce dazugießen und den Fisch mit der Marinade hinzufügen. Die restliche Sauce über den Fisch schöpfen. Die verbliebenen Mandeln darüberstreuen und die Form mit Alufolie abdecken.

4 Den Fisch 30 Min. im Backofen garen, dann die Folie abnehmen. Fisch noch einmal 10–20 Min. garen. Er sollte sich noch fest anfühlen. Mit Zitronenspalten garnieren und servieren.

TIP
Petersilie läßt sich gut im Kühlschrank lagern. Den Strauß in ein Glas mit Wasser stellen.

Fischspieße mit kalter Tomatensauce

Zubereitungszeit: 30 Min. + 2 Std. Wartezeit
Garzeit: 5–10 Min.
Für 6 Personen

---

750 g weißfleischige Fischfilets ohne Haut
1 mittelgroße rote Zwiebel, abgezogen und feingehackt
1 Knoblauchzehe, zerdrückt
2 EL gehackter frischer Koriander
1/3 Becher glatte Petersilie
1/2 EL edelsüßer Paprika
1/4 TL Chilipulver
80 ml Olivenöl
2 EL Zitronensaft
Tomatensauce
4 große, reife Tomaten, abgezogen, entkernt und gehackt
2 kleine rote Chillies, halbiert, entkernt und in dünne Scheiben geschnitten
4 Frühlingszwiebeln mit etwas Grün, in dünne Scheiben geschnitten
1/2 Bund frischer Koriander, feingehackt
125 ml natives Olivenöl extra
gemahlener Pfeffer
Zitronensaft (nach Belieben)
1 rote Zwiebel, feingehackt (nach Belieben)

---

1 Fischfilets quer zur Faser in 2 mal 2 cm große Stücke schneiden. Zwiebel, Knoblauch, Koriander, Petersilie, Paprika, Chilipulver, Olivenöl und Zitronensaft vermischen und über den Fisch geben. Gut durchheben und Fischstücke mindestens 2 Std. oder über Nacht marinieren.

2 Fischstücke auf Metallspieße stecken und grillen, dabei häufig wenden, bis sie rundum leicht gebräunt sind.

3 Für die Tomatensauce Tomaten, Chillies, Frühlingszwiebeln und Koriander in einer Schüssel vermischen. Olivenöl und Pfeffer nach Geschmack hinzufügen.

4 Zitronensaft und gehackte Zwiebel dazugeben.

5 Tomatensauce vor dem Servieren mindestens 1 Std. in den Kühlschrank stellen.

Hinweis: Die Spieße können auch auf dem Holzkohlengrill gegart werden. Die Tomatensauce ist rasch zubereitet und paßt gut zu gegrilltem oder gebratenem Fisch. Die Tomaten mindestens 30 Min. in einem Sieb abtropfen lassen.

Tip
Natives Olivenöl extra stammt aus der ersten Pressung und wird ohne Hitzezufuhr oder Zusätze gewonnen.

Fisch

Zwiebelmischung mit dem Fisch vermengen.
Mindestens 2 Std. durchziehen lassen.

Fischstücke in gleichmäßigen Abständen behutsam
auf Metallspieße stecken.

Unter häufigem Wenden grillen, bis die Spieße rundum
leicht gebräunt sind.

Zutaten für die Sauce vermischen. Vor dem Servieren
für mindestens 1 Std. kalt stellen.

Forelle auf marokkanische Art

Zubereitungszeit:
30 Min.
Garzeit:
25 Min.
Für 2 Personen

---

2 mittelgroße Forellen, küchenfertig
1 Becher gehackte Datteln
¼ Becher gegarter Reis
1 Zwiebel, feingehackt
30 g gehackte Mandeln
2 EL gehackter frischer Koriander
½ TL gemahlener Zimt
30 g Butter, zerlassen
¼ TL gemahlener Pfeffer
¼ TL Ingwerpulver
1 TL Zucker
¼ TL gemahlener Zimt

---

1 Backofen auf 160 °C vorheizen. Die Forellen unter fließendem kaltem Wasser waschen und mit Küchenpapier trockentupfen.
2 Datteln, Reis, Zwiebel, Mandeln, Koriander und Zimt in einer Schüssel vermischen.
3 Die Mischung in die Fische füllen und die Öffnungen mit Metallspießen zustecken. Die Fische auf ein Backblech legen.
4 Mit zerlassener Butter bestreichen und mit einer Mischung aus Pfeffer, Ingwer und Zucker bestreuen. Etwa 20 Min. backen, bis sie goldbraun sind. Vor dem Servieren Zimt über die Forellen streuen.

TIP

Zimt ist ein rotbraunes Gewürz mit pikantsüßem Geschmack, das aus der Rinde eines tropischen Baumes hergestellt wird. Gemahlen gibt die Rinde ein ätherisches Öl ab. Sparsam verwendet, verleiht gemahlener Zimt Fisch und Fischsaucen einen delikaten Geschmack. Mit gemahlenem Pfeffer, Ingwer, Nelken und Muskatblüte vermischt, eignet er sich ausgezeichnet, um Fleisch vor dem Garen zu beizen. In einem verschlossenen Behälter aufbewahren.

Forellen waschen. Datteln, Zwiebel, Mandeln und Koriander hacken.

Datteln, Reis, Zwiebel, Mandeln, Koriander und Zimt gut vermischen.

FISCH

Die Würzmischung in die Forellen füllen und die Öffnungen mit Metallspießen schließen.

Die Fische mit Butter bepinseln und mit einer Mischung aus Zucker und Gewürzen bestreuen.

Hühnerteile portionsweise braten, bis sie gut gebräunt, aber noch nicht durch sind.

Restliches Öl in einen Topf geben. Zwiebel und Paprika bei schwacher Hitze garen.

MAROKKANISCHE KÜCHE

GEFLÜGEL

Zimt, Koriander und Kreuzkümmel sind nur einige Gewürze von vielen, die für diese köstlichen, duftenden Gerichte verwendet werden.

Huhn mit Oliven

Mit Reis servieren.

Zubereitungszeit: 20 Min. + 1 Std. Wartezeit
Garzeit: 40 Min.
Für 6 Personen

12 Hühnerteile
1 TL gemahlener Zimt
1 TL Ingwerpulver
1/2 TL gemahlene Kurkuma
1 TL edelsüßer Paprika
1/2 TL gemahlener Pfeffer
60 ml Olivenöl
2 Zwiebeln, gehackt
1 rote Paprikaschote, in kleine Stücke geschnitten
1/4 Becher frischer Koriander, gehackt
375 ml Hühnerbrühe
4 Schalen von einer eingelegten Zitrone (siehe Seite 4), in dünne Streifen geschnitten
2 EL Zitronensaft
1 Becher grüne Oliven

1 Hühnerteile in einer großen Schüssel mit Gewürzen vermischen. Zugedeckt 1 Std. durchziehen lassen. In einem großen Topf 2 EL Öl erhitzen. Die Hühnerteile braten, bis sie gut gebräunt, aber noch nicht gar sind. In einem größeren Topf heben.

2 Das restliche Öl in den Topf gießen. Zwiebel und Paprika hinzufügen und bei schwacher Hitze 5 Min. unter Rühren garen. Zu den Hühnerteilen in den großen Topf geben.

3 Koriander, Brühe, Zitronenstreifen, Saft und Oliven hinzufügen.

4 Zutaten zugedeckt 40 Min. köcheln lassen, bis das Fleisch weich und die Flüssigkeit eingekocht ist.

Hinweis: Die Sauce mit Maisstärke binden.

Koriander und Hühnerbrühe zu Hühnerteilen und Paprika geben und untermischen.

Zitronenstreifen, Zitronensaft und Oliven zufügen. Topfinhalt unbedeckt 40 Min. garen.

Geschmortes Huhn mit Petersilienfüllung

Zubereitungszeit:
15–20 Min.
Garzeit:
90 Min.
Für 6–8 Personen

---

1 kg reife Tomaten, entkernt und gehackt
1 großer Bund glatte Petersilie, feingehackt
2 Stangensellerie, gehackt
Streifen von 1 eingelegten Zitrone (s. Seite 4), feingehackt
gemahlener Pfeffer
1/2 TL Chilipulver oder Cayennepfeffer
2 frische Hühner (je 1,4 kg schwer)
15 g Butter
500 ml Wasser
30 g Butter, zerlassen
gemahlener Kreuzkümmel zum Servieren
Meersalz zum Servieren

---

1 Backofen auf 180 °C vorheizen. Tomaten, Petersilie, Sellerie und Zitronen mischen, dann mit Pfeffer und Chilipulver würzen.

2 Hühner mit der Farce füllen und jeweils die Hälfte der Butter hinzufügen.

3 Die Hühner mit dem Wasser in eine ofenfeste Form geben. Mit zerlassener Butter bestreichen und mit Alufolie abdecken.

4 Die Hühner 75–90 Min. schmoren, bis sie weich sind.

5 Sofort servieren, dazu kleine Schalen mit Kreuzkümmel und Meersalz reichen.

Hinweis: Frische glatte Petersilie findet in der marokkanischen Küche oft Verwendung und ist weithin erhältlich. Sie sollte nicht durch krause Petersilie ersetzt werden, deren Geschmack mit glatter nicht vergleichbar ist.

TIP
Während der Wintermonate verwendet man besser Dosentomaten. 1 kg Tomaten durch zwei Dosen ganze geschälte Tomaten (je 425 g) ersetzen. Dieses Gericht schmeckt auch kalt.

Tomaten, Petersilie, Sellerie und Zitronen mischen. Pfeffer und Chilipulver zufügen.

Die Füllung in die Hühner geben und je die Hälfte der Butter hinzufügen.

GEFLÜGEL

Die Hühner in eine ofenfeste Form legen und 500 ml Wasser in die Form gießen.

Hühner mit zerlassener Butter bepinseln, mit Folie abdecken und schmoren. Sofort servieren.

Huhn auf marokkanische Art

Ein köstliches Gericht.

Zubereitungszeit: 30 Min. + Einweichzeit
Garzeit: 75 Min.
Für 6 Personen

---

12 Hühnerteile
½ TL edelsüßer Paprika
½ TL gemahlener Kreuzkümmel
gemahlener Pfeffer
750 g Zwiebeln, in Scheiben geschnitten
100 g Butter
¼ TL gemahlener Safran
125 g Kichererbsen, über Nacht eingeweicht
750 ml Hühnerbrühe
⅓ Becher feingehackte glatte Petersilie
1 EL frischer Zitronenthymian
250 g Reis, gegart
Zitronensaft

---

1 Hühnerteile mit Paprika, Kreuzkümmel und Pfeffer würzen.
2 In einem tiefen, schweren Topf mit Zwiebelscheiben in der Butter goldbraun braten.
3 Mit Safran bestreuen und die Kichererbsen dazugeben. Zutaten mit der Hühnerbrühe bedecken und ohne Deckel etwa 1 Std. leise köcheln lassen, bis das Fleisch weich ist.
4 Kurz vor dem Servieren gehackte Petersilie und Thymian dazugeben.
5 Den Reis in eine vorgewärmte Servierschüssel füllen. Die Hühnerteile darauflegen und die Sauce darübergießen. Mit Zitronensaft beträufelt servieren.

Hinweis: Thymian ist eines der beliebtesten Küchenkräuter. Die hier verwendete Art duftet, wie ihr Name vermuten läßt, zart nach Thymian.

Tip
Edelsüßer Paprika hat ein leichtes Aroma und eine tiefrote Farbe. Er wird vielen Eintöpfen und Dressings zugegeben, um ihnen Farbe zu verleihen.

Hühnerteile mit Paprika, Kreuzkümmel und Pfeffer würzen. Mit Zwiebeln goldbraun braten.

Hühnerteile gleichmäßig mit Safran bestreuen und Kichererbsen hinzufügen.

GEFLÜGEL

Die Hühnerteile mit Brühe bedecken und leise köcheln lassen.

Kurz vor dem Servieren gehackte Petersilie und Thymian dazugeben.

B'stilla (Hühnerfleisch-Pastete)

Zubereitungszeit:
45 Min.
Garzeit:
2 Std. 15 Min.
Als Vorspeise für 8 Personen

FÜLLUNG
1 Poularde, 1,6 kg
1 große Zwiebel, feingehackt
1 großer Bund glatte Petersilie, gehackt
1 Bund frischer Koriander, gehackt
¼ TL gemahlene Kurkuma
¼ TL gemahlener Safran
2 EL Pflanzenöl
1 TL Ingwerpulver
1 TL gemahlener Zimt
375 ml Wasser

SAUCE UND TEIG
5 Eier, verquirlt
360 g Puderzucker
gemahlener Zimt
gemahlener Pfeffer
500 g Filo-Teig
250 g Butter, zerlassen
1 Becher gemahlene Mandeln
weiterer gemahlener Zimt

1 Backofen auf 180 °C vorheizen. Huhn, Zwiebel, Petersilie, Koriander, Kurkuma, Safran, Öl, Ingwer und Zimt mit dem Wasser in einen Bräter geben. Für 90 Min. in den Backofen stellen, dann das Huhn herausnehmen und abkühlen lassen. Das Fleisch in Streifen schneiden, Haut und Knochen wegwerfen.
2 Das Fett von der Garflüssigkeit abheben und die Flüssigkeit zum Köcheln bringen, dann verquirlte Eier, Zucker, Zimt und Pfeffer nach Geschmack hinzufügen. Garen, bis die Mischung dick wird.
3 Backofen auf 190 °C vorheizen. Eine 20 cm große Auflaufform ausfetten.
4 Ein Teigblatt in die vorbereitete Form legen. Mit zerlassener Butter bestreichen. Ein zweites Blatt darauf legen und wieder mit zerlassener Butter bestreichen. Mit sieben weiteren Blättern ebenso verfahren. Das letzte Teigblatt mit etwas Mischung aus gemahlenen Mandeln, Zimt und Puderzucker bestreuen.
5 Eimischung und Hühnerfleisch darauf verteilen. Teigblätter darüberfalten und wiederum mit Butter bestreichen. Vier weitere in eine runde Form geschnittene Blätter als Deckel auf die Pastete setzen, jedes mit Butter bepinseln. Weitere Teigblätter buttern und Rosen daraus formen. Auf die Pastete setzen und mit zerlassener Butter bestreichen.
6 Die Pastete 30–45 Min. backen, bis sie goldbraun ist. Mit der restlichen Mandelmischung bestreuen.

TIP
Im Kühlschrank behalten Gewürze ihr Aroma länger.

GEFLÜGEL

Das Fleisch des gegarten Huhns von den Knochen lösen, Knochen wegwerfen.

Eier, Zucker, Zimt und Pfeffer mischen und in die köchelnde Bratflüssigkeit geben.

Hühnerfleisch und Eimischung auf dem gebutterten Teig verteilen. Ränder umfalten.

Gebutterten Teig zu Rosen formen und diese auf die Pastete setzen.

Marokkanische Küche

Die Keule mit der Hälfte der Butter einreiben und großzügig pfeffern.

Zwiebel, Knoblauch und Gewürze vermischen. Olivenöl und Wasser zugeben und gut unterrühren.

FLEISCHGERICHTE

Ob mariniert und langsam im Backofen gebraten oder in würziger Brühe geköchelt - diese köstlichen Gerichten sind eines Festmahles würdig.

Lammbraten mit Gewürzen

Zubereitungszeit:
30 Min.
Garzeit:
90–120 Min.
Für 6 Personen

---

3 kg Lammkeule
100 g weiche Butter
gemahlener Pfeffer
1 große rote Zwiebel, feingehackt
2 Knoblauchzehen, zerdrückt
1/2 TL gemahlener Kreuzkümmel
1/4 TL gemahlener Zimt
1/4 TL Ingwerpulver
eine Prise Chilipulver
1/4 TL gemahlener Safran
80 ml Olivenöl
Wasser

---

1 Backofen auf 175 °C vorheizen. Die Lammkeule mit der Hälfte der Butter einreiben und großzügig pfeffern.

2 In einer Schüssel Zwiebel und Knoblauch mit Gewürzen mischen, dann Olivenöl und Wasser hinzufügen. Gut mit einem kleinen Schneebesen oder einer Gabel verrühren.

3 Die Hälfte der Mischung auf der gebutterten Lammkeule verteilen und festdrücken. Den Rest in eine ofenfeste Form geben, in der die Keule ausreichend Platz hat. Restliche Butter in die Form geben und die Lammkeule hineinlegen. Vor dem Braten mindestens 1 Std. bei Raumtemperatur stehen lassen.

5 Dann 90–120 Min. braten, bis die Keule gebräunt und knusprig ist, zwischendurch mit Bratensaft begießen.

Die Hälfte der Mischung auf der gebutterten Keule verteilen. Den Rest in die Form geben.

Die Keule braten, bis sie braun und knusprig ist, dabei häufig mit Bratensaft beschöpfen.

Lamm mit dicken Bohnen und Artischocken

Zubereitungszeit:
15 Min.
Garzeit:
90 Min.
Für 6 Personen

- *2 kg Lammkoteletts, pariert*
- *1 ½ TL Ingwerpulver*
- *1 TL gemahlener Safran*
- *2 Knoblauchzehen, zerdrückt*
- *2 EL Pflanzenöl*
- *gemahlener Pfeffer*
- *750 ml Wasser*
- *1 kg dicke Bohnen, ausgepalt*
- *1 Dose Artischockenherzen (440 g)*
- *Schalen von 1 eingelegten Zitrone (s. Seite 4)*
- *1 EL Zitronensaft*
- *10 kleine schwarze oder grüne Oliven*

1 Lammkoteletts mit Ingwer, Safran, Knoblauch, Öl und Pfeffer in einen großen, schweren Topf geben.

2 Das Wasser hinzufügen und den Deckel auflegen. Das Fleisch etwa 90 Min. behutsam garen, bis es weich ist. Nötigenfalls weiteres Wasser zufügen, damit es bedeckt bleibt.

3 Die Koteletts aus der Garflüssigkeit nehmen. Fett abschöpfen.

4 Die Bohnen in kochendem Wasser etwa 6 Min. garen, bis sie weich sind. Abtropfen lassen und beiseite stellen.

5 Die Garflüssigkeit des Fleisches reduzieren, bis sie etwas eingedickt ist.

6 Koteletts und Bohnen zu der reduzierten Garflüssigkeit in den Topf geben. Artischockenherzen und in kleine Stücke geschnittene Zitronenschalen hinzufügen. Zutaten ohne Deckel bei niedriger Temperatur etwa 15 Min. erhitzen.

7 Zitronensaft und Oliven hinzufügen und servieren.

> **TIP**
> Artischocken können durch Tomaten aus der Dose ersetzt werden.

Koteletts und Gewürze in einen Topf geben. Mit Wasser bedeckt köcheln lassen.

Dicke Bohnen in kochendem Wasser etwa 6 Min. weich garen, dann abtropfen lassen.

FLEISCHGERICHTE

Das Fleisch wieder in die reduzierte Garflüssigkeit legen und die Bohnen hinzufügen.

Artischockenherzen und Zitronenstücke in den Topf geben und untermischen.

Lammkeule mit Chermoula

Über Nacht marinieren.

Zubereitungszeit:
25 Min. + 3 Std. Wartezeit
Garzeit:
45 Min.
Für 6 Personen

> *1 mittelgroße Zwiebel, gerieben*
> *2 Knoblauchzehen, zerdrückt*
> *4 EL gehackte glatte Petersilie*
> *4 EL gehackter frischer Koriander*
> *1/2 TL gemahlener Kreuzkümmel*
> *1/2 TL gemahlener Safran*
> *1/2 TL Harissa (s. Seite 8)*
> *125 ml Olivenöl*
> *2 EL Zitronensaft*
> *1/2 kg Lammkeule*

1 Für die Chermoula: Zwiebel, Knoblauch, Petersilie, Koriander, Kreuzkümmel, Safran, Harissa, Olivenöl und Zitronensaft vermischen und 1 Std. stehen lassen.

2 Die Lammkeule am dickeren Ende beginnend um den Knochen herum einschneiden. Das Fleisch ablösen und den Knochen entfernen. An der dicksten Stelle des Fleisches ein- aber nicht durchschneiden. Das Fleisch aufklappen.

3 Das Fleisch beiderseits mit Chermoula-Mischung bestreichen und mindestens 2 Std. durchziehen lassen.

4 Etwa 45 Min. auf dem Holzkohlengrill garen, dabei häufig drehen. Das Fleisch quer zur Faser in dicke Scheiben schneiden und servieren.

Hinweis: Harissa ist eine scharfe Würzpaste, die in Marokko häufig verwendet wird. Die Grundzutaten sind rote Chillies, Cayennepfeffer, Olivenöl und Knoblauch. Harissa sollte die Konsistenz einer leichten Mayonnaise haben. Sie paßt besonders gut zu pochierten Eiern, oder Würsten.

Zwiebel, Knoblauch, Petersilie, Koriander, Kreuzkümmel, Safran, Harissa, Öl und Zitrone vorbereiten.

Die Zutaten sorgfältig vermischen und 1 Std. stehen lassen.

FLEISCHGERICHTE

Das Fleisch entbeinen. An der dicksten Stelle einschneiden und das Fleisch aufklappen.

Das Fleisch von beiden Seiten mit Chermoula bestreichen und durchziehen lassen.

Lamm-Tagine mit Quitten

Zubereitungszeit:
30 Min.
Garzeit:
1 Std.
Für 6 Personen

- *1 kg Lammschulter, in 2 cm große Stücke geschnitten*
- *2 große Zwiebeln, in 1 cm große Würfel geschnitten*
- *gemahlener Pfeffer*
- *½ TL milder Paprika*
- *1 Bund frischer Koriander, feingehackt*
- *¼ TL gemahlener Safran*
- *½ TL gemahlener Ingwer*
- *500 g Quitten, geschält, halbiert, das Kerngehäuse entfernt*
- *60 g Butter*
- *1 Becher entsteinte Backpflaumen, eingeweicht*

1 Fleischwürfel und die Hälfte der Zwiebelwürfel in einen großen, schweren Topf geben. Nach Geschmack mit Pfeffer und Paprika würzen, und dann mit Wasser bedecken.
2 Frischen Koriander, Safran und Ingwer zugeben. Die Zutaten zum Kochen bringen, dann die Hitze reduzieren und den Topfinhalt zugedeckt etwa 1 Std. köcheln lassen, bis das Fleisch weich ist.
3 Die Quitten in etwa ebenso große Stücke wie das Fleisch schneiden und mit den restlichen Zwiebelwürfeln in einer Pfanne in Butter garen, bis sie hell goldbraun sind.
4 Nach der Hälfte der Garzeit Zwiebeln, Quitten und Backpflaumen zum Fleisch geben. Den fertigen Eintopf in einer vorgewärmten Schüssel servieren.
Hinweis: Paprikapulver ist in unterschiedlichen Schärfen erhältlich. Wer es würziger mag, verwendet scharfen Paprika.

Tip
Anstelle von Backpflaumen kann man Datteln und anstatt Quitten, Birnen verwenden bzw. eine diese Zutaten miteinander kombinieren.

Fleisch und Zwiebeln mit Pfeffer und Paprika würzen und mit Wasser bedecken.

Frischen Koriander, Safran und Ingwer sorgfältig untermischen. Das Fleisch köcheln, bis es weich ist.

FLEISCHGERICHTE

Quitten und Zwiebelwürfel in Butter garen, bis sie goldbraun sind.

Nach der Hälfte der Garzeit Zwiebeln, Backpflaumen und Quitten zum Fleisch geben.

Reis-Fleisch-Bällchen

Zubereitungszeit:
30 Min.
Garzeit:
45 Min.
Für 8 Personen

- 200 g Rundkornreis
- 500 g gehacktes Lamm- oder Rindfleisch
- 1 TL gemahlener Zimt
- 1 TL edelsüßer Paprika
- 1 TL gemahlener Koriander
- 150 g Butter oder Butterschmalz
- 2 große Zwiebeln, feingehackt
- 1/4 TL gemahlener Safran
- gemahlener Pfeffer
- 500 ml Wasser oder leichte Brühe
- 1/4 Becher gehackte frische glatte Petersilie
- 2 EL Zitronensaft

1 Mit einer Gabel Reis und Hackfleisch vermischen und Zimt, Paprika und Koriander hinzufügen. Aus der Fleischmasse etwa 20 gleichgroße Bällchen formen.

2 Butter oder Butterschmalz in einer schweren, hohen Pfanne zerlassen.

3 Die Bällchen portionsweise in der Butter bräunen, dabei häufig drehen.

4 Wenn alle Bällchen gebräunt sind, Zwiebeln, Safran und Pfeffer hinzufügen.

5 Wasser oder Brühe dazugießen und die Bällchen zugedeckt bei mittlerer Hitze etwa 40 Min. garen, dabei gelegentlich umrühren.

6 Petersilie und Zitronensaft zufügen und einige Min. köcheln lassen. Zu den Fleischbällchen Gemüse oder Salat reichen.

Tip

Glatte Petersilie hat ein weit besseres Aroma als krause Petersilie. Gemahlener Safran ist in vielen Supermärkten in Tütchen oder Döschen erhältlich. Man kann jedoch auch Safranfäden ohne Fett rösten und zu Pulver mahlen.

Mit einer Gabel Reis, Hackfleisch, Zimt, Paprika und Koriander vermischen.

Aus der Masse etwa 20 gleichgroße Bällchen formen.

FLEISCHGERICHTE

Wenn die Bällchen gleichmäßig gebräunt sind, Zwiebeln, Safran und Pfeffer hinzufügen.

Wasser und Brühe zu den Bällchen geben. Zugedeckt etwa 40 Min. garen.

Marokkanische Küche

Orangen- und Zitronensaft mischen und über Apfel- und Birnenscheiben gießen.

Bananen schälen und in dünne Scheiben schneiden. Zum Obstsalat hinzufügen.

DESSERTS

Durch die großartige Vielfalt der Früchte, die es in Marokko gibt, lassen sich Desserts zubereiten, die die Mahlzeiten auf erfrischende Weise abrunden. Süßigkeiten und Gebäck sind für besondere Anlässe.

Obstsalat auf marokkanische Art

Zubereitungszeit:
  20 Min.
Garzeit:
  Keine
Für 6 Personen

2 Äpfel
2 Birnen
160 ml Orangensaft
1 EL Zitronensaft
2 Bananen
*2 EL Orangen-
  blütenwasser*
*Schalen von 1 unbehan-
  delten Orange*
Puderzucker
*1 Schale Erdbeeren,
  geputzt und halbiert*
frische Minzeblätter

1 Äpfel und Birnen nach Entfernen des Kerngehäuses in dünne Scheiben schneiden.
2 Scheiben in eine Servierschüssel geben und Orangen- und Zitronensaft hinzufügen, damit sie sich nicht verfärben.
3 Bananen schälen und in dünne Scheiben schneiden. In die Schüssel geben und behutsam unterheben.

Orangenblütenwasser zufügen und je nach Geschmack die Früchte mit Puderzucker bestreuen.
4 Halbierte Erdbeeren zum Salat geben. Die frischen Minzeblätter darüberstreuen.
5 Orangenzesten in dünne Streifen schneiden und 5 Min. in Wasser oder dünnem Zuckersirup garen. Abtropfen lassen. Den Obstsalat garnieren und servieren.

TIP
Beim Erdbeerkauf gleichmäßig gefärbte, dicke Früchte mit frischen, grünen Stielen wählen.

Erdbeerhälften dazugeben. Als Verzierung frische Minzeblätter darüberstreuen.

Orangenschale in dünne Streifen schneiden und 5 Min. in vorbereitetem Sirup garen.

Mandelmakronen

Zubereitungszeit:
 30 Min.
Backzeit:
 15–20 Min.
Für 6 Personen

---

150 g Puderzucker, gesiebt
1 Ei, verquirlt
225 g gemahlene Mandeln
2 TL abgeriebene Schale von einer unbehandelten Zitrone
1 TL Vanille-Extrakt
¼ TL gemahlener Zimt
weiterer Puderzucker zum Verzieren

---

1 Backofen auf 180 °C vorheizen. In einer großen Schüssel Puderzucker und verquirltes Ei schaumig schlagen.

2 In einer zweiten Schüssel gemahlene Mandeln, abgeriebene Zitronenschale, Vanille-Extrakt und Zimt vermischen, dann nach und nach in die Eimasse rühren.

3 Den Teig etwa 5 Min. in der Schüssel kneten, bis er geschmeidig ist. Mit einem Küchentuch abdecken und 15 Min. ruhen lassen.

4 Den Teig auf einem leicht bemehlten Brett zu einer langen Wurst von etwa 5 cm Dicke rollen. In 24 Stücke schneiden, und jedes Stück zu einer Kugel formen.

5 Die Handflächen leicht ölen und jede Kugel zu einem Kreis von etwa 4 cm Durchmesser flach drücken.

6 Die Kekse mit großen Abständen auf ein gefettetes Backblech setzen, und mit Puderzucker bestreuen. 15–20 Min. backen, bis sie goldbraun sind. Auf einem Kuchengitter auskühlen lassen. In einem luftdicht verschlossenen Behälter aufbewahren.

Hinweis: Mit marokkanischem Obstsalat servieren (s. S. 59).

Tip
Mandeln gehören zu den beliebtesten Nüssen. In einem verschlossenen Behälter an einem kühlen Platz aufbewahren.

Ei und Zucker schaumig schlagen und zu der Mandelmischung hinzufügen.

Masse auf einem bemehlten Brett zu einer Wurst formen und in 24 Stücke schneiden.

DESSERTS

...tücke mit geölten Händen zu Kugeln rollen und zu 4 cm ...roßen Kreisen flachdrücken.

Auf ein vorbereitetes Blech setzen und mit Puderzucker bestreuen. Goldbraun backen.

Gebratenes Marokkanisches Zimtbrot

Zubereitungszeit:
15 Min.
Garzeit:
10 Min.
Für 4–6 Personen

½ Baguette
1–2 Eier
250 ml Milch
½ TL Vanille-Extrakt
Butter

60 g Zucker
1 EL gemahlener Zimt
½ TL gemahlene Muskatnuß

1 Die Baguette schräg in 2 cm dicke Scheiben schneiden.
2 In einer Schüssel Eier gut verschlagen, dann Milch und Vanille-Extrakt unterrühren.
3 Butter in einer Pfanne zerlassen.
4 In einer Schüssel Zucker, gemahlenen Zimt und Muskatnuß vermischen.
5 Brotscheiben in die Eiermilch tauchen und in der Butter braten, bis beide Seiten goldbraun und knusprig sind. Auf Küchenkreppapier legen, dann sofort in der Zuckermischung drehen. Bei Bedarf weitere Butter in die Pfanne geben.
Hinweis: Mit Kaffee serviert ist Zimtbrot ein herrliches Frühstück.

Die Baguette schräg in 2 cm dicke Scheiben schneiden.

In einer Schüssel sorgfältig Eier, Milch und Vanille-Extrakt verschlagen.

Desserts

Brotscheiben in die Eiermilch tauchen und in der zerlassenen Butter braten.

Dann sofort mit einer Mischung aus Zucker, Zimt und Muskatnuß überziehen.

REGISTER

Auberginenpüree 10

Brot,
 Gebratenes Zimt- 62
 Vollkorn- 32
B'stilla 46
Bunte Gemüse-Tagine 22

Chermoula 52

Eingelegte Zitronen 4

Fisch
 aus dem Backofen 35
 -spieße mit kalter
  Tomatensauce 36
 Forelle auf marokkani-
  sche Art 38
Fladenbrot aus
 Vollkornmehl 32
Forelle auf marokkani-
 sche Art 38

Gegrillte Lammkeule mit
 Chermoula 52
Gemüse-Couscous 18
Grüne Bohnen, pikante 20
Grüner Paprika mit
 Tomaten 28
Gurkensalat mit Minze
 26

Harissa 8
Huhn
 geschmortes, mit
  Petersilienfüllung
  42

Hühnerfleisch-Pastete 46
 mit Oliven 41
 auf marokkanische Art
  44

Khobz 32
Kürbissuppe mit Harissa
 8

Lamm
 -braten mit Gewürzen
  49
 mit dicken Bohnen
  und Artischocken 50
 -hirn, marokkanisch 14
 -keule mit Chermoula
  52
 »Zigarren« 12
 Reis-Fleisch-Bällchen
  56
 Lamm-Tagine
  mit Quitten 54
Linsensuppe 7

Mandelmakronen 60
Möhrensalat mit Gurke
 24

Obstsalat auf marokkanische Art 59
Orangensalat 30

Pastete, Hühnerfleisch-
 46
Pikante grüne Bohnen 20

Reis
 Warmer Reissalat mit
  Linsen 17
 Reis-Fleisch-Bällchen
  56
Rindfleisch

Salat
 Gurkensalat mit
  Minze 26
 Möhrensalat mit
  Gurke 24
 Grüner Paprikasalat
  mit Tomaten 28
 Orangensalat 30
 Warmer Reissalat mit
  Linsen 17
Suppe
 Kürbis- mit Harissa 8
 Linsen- 7
 Bunte Gemüse-Tagine 22
 Lamm-Tagine mit
  Quitten 54

Tomaten
 Salat von Tomaten
  und grünen Paprika
  28
 -sauce 36

Warmer Reissalat mit
 Linsen 17

»Zigarren« 12
Zimtbrot, Gebratenes
 marokkanisches 62
Zitronen, eingelegte 4